BEI GRIN MACHT SICH IHR WISSEN BEZAHLT

- Wir veröffentlichen Ihre Hausarbeit, Bachelor- und Masterarbeit

- Ihr eigenes eBook und Buch - weltweit in allen wichtigen Shops

- Verdienen Sie an jedem Verkauf

Jetzt bei www.GRIN.com hochladen und kostenlos publizieren

Aspekte der Persönlichkeitspsychologie. Emotionale Intelligenz, Persönlichkeitseigenschaften im Berufsalltag, Kreativität

Madeleine Hartleff

Bibliografische Information der Deutschen Nationalbibliothek:

Die Deutsche Nationalbibliothek verzeichnet diese Publikation in der
Deutschen Nationalbibliografie; detaillierte bibliografische Daten sind
im Internet über http://dnb.d-nb.de abrufbar.

ISBN: 9783346471864
Dieses Buch ist auch als E-Book erhältlich.

© GRIN Publishing GmbH
Nymphenburger Straße 86
80636 München

Druck und Bindung: Books on Demand GmbH, Norderstedt Germany
Gedruckt auf säurefreiem Papier aus verantwortungsvollen Quellen

Das vorliegende Werk wurde sorgfältig erarbeitet. Dennoch
übernehmen Autoren und Verlag für die Richtigkeit von Angaben,
Hinweisen, Links und Ratschlägen sowie eventuelle Druckfehler keine
Haftung.

Das Buch bei GRIN: https://www.grin.com/document/1041452

Einsendeaufgabe

Persönlichkeitspsychologie – Aufgabe C

abgegeben am 13.03.2019

SRH Fernhochschule

Modul: Persönlichkeitspsychologie

von

Madeleine Hartleff

Inhaltsverzeichnis

Abkürzungsverzeichnis

16 PF	16-Persönlichkeitsfaktoren-Test
16 PF-R	16-Persönlichkeitsfaktoren-Test Revidierte Fassung
BIP	Bochumer Inventar zur berufsbezogenen Persönlichkeitsbeschreibung
DIN	Deutsches Institut für Normung e. V.
DISG	persolog Persönlichkeitsprofil
DTK	Diagnostik- und Testkuratorium
EI	Emotionale Intelligenz
EQ	Emotionaler Quotient
ggf.	gegebenenfalls
IQ	Intelligenzquotient
MBTI	Myers-Briggs-Typenindikator
NEO-PI-R	NEO-Persönlichkeitsinventar nach Costa und McCrae
PTBS	Posttraumatische Belastungsstörung
vgl.	vergleiche
z. B.	zum Beispiel

Abbildungsverzeichnis

Tabellenverzeichnis

1 Aufgabe C1 – Emotionale Intelligenz

Intelligenz und Emotionen. Beides Begriffe, die im Alltag geläufig sind. Spätestens seit dem populärwissenschaftlichen Buch „EQ" von Daniel Goleman ist vielen Menschen das Konstrukt der Emotionalen Intelligenz ein Begriff. Was es mit diesem Konzept auf sich hat und wie es entstanden ist, wird im nachfolgenden Text erläutert. Anschließend wird ein Modell der Emotionalen Intelligenz beschrieben. Abschließend folgt eine Darstellung möglicher Zusammenhänge zwischen Emotionaler Intelligenz und der psychischen Gesundheit betrachtet.

1.1 Emotionale Intelligenz

In diesen Abschnitt wird die Entwicklung des klassischen Intelligenzbegriffes erläutert, um darauf aufbauend die Entwicklung des Konzeptes der Emotionalen Intelligenz darzustellen. Abschließend werden die beiden Konzepte klassische Intelligenz und Emotionale Intelligenz gegenübergestellt.

Die moderne Intelligenz hat eine mehr als 100 Jahre alte Geschichte. In dieser Zeit gab es viele verschiedene Versuche den klassischen Intelligenzbegriff zu definieren. Den Grundstein für die Erforschung der modernen Intelligenz und Intelligenztests legten Galton und Binet, um das Ende des 19ten Jahrhunderts[1]. 1904 hat Spearman in einer Studie mit Schülern die „Generelle Intelligenz" und die „Spezifische Intelligenz" entdeckt[2]. Diese Theorie wird später als Zwei-Faktoren-Modell bekannt und hat viele Anhänger[3]. Cattell hat diesen Ansatz weiterentwickelt und zwischen zwei verschieden Denkweisen differenziert, der fluiden und der kristallinen Intelligenz. Eine Anpassung an neue Situationen bzw. der Erwerb von neuem Wissen kennzeichnet die fluide Intelligenz. Die kristalline Intelligenz wendet das, mit der fluiden Intelligenz, erworbene Wissen auf neue Aufgabenstellungen an.[4] Eine weitere Untersuchung der Intelligenz hat Thurstone in seinem Modell „mehrerer gemeinsamer Faktoren" vorgestellt. Es grenzt sieben Primärfaktoren (Merkfähigkeit, nummerische Fähigkeiten, Wahrnehmungs-geschwindigkeiten, schlussfolgerndes Denken, räumliches Vorstellungsvermögen, verbales Verständnis und Wortflüssigkeit) voneinander ab. Diese werden nahezu separat

---

[1]   Vgl. *Maltby/Day/Macaskill.* (2011), S. 501.
[2]   Vgl. *Spearman* (1904), S. 272.
[3]   Vgl. *Neubauer* (2005), S. 324; *Neyer/Asendorpf* (2018), S. 154.
[4]   Vgl. *Cattell* (1963), S. 2–3.

beobachtet. Hierdurch wurde es möglich für jeden Menschen ein individuelles Intelligenzprofil zu erstellen.[5] 1967 präsentierte Guilford sein „Structure of Intellect"-Modell. Dieses Modell besteht aus einer dreidimensionalen Matrix mit insgesamt 150 verschiedenen Arten von Intelligenz. Die drei Dimensionen teilen sich laut Guilford in die Gruppen Vorgänge, Inhalte und Produkte auf.[6] Gardner wendete sich von den bisherigen Definitionen der Intelligenz ab und definiert diese als „Fähigkeit, Probleme zu lösen oder Produkte zu schaffen, die im Rahmen einer oder mehrerer Kulturen gefragt sind" (*Gardner, 1991, S. 9*). Von dieser Definition ausgehend entwickelt Gardner die Theorien der multiplen Intelligenzen. Diese bestand zunächst aus sieben Klassen von Intelligenzen und wurde später um zwei weitere Klassen erweitert. Die ersten drei Klassen sind aus den klassischen Intelligenztests bekannt. Diese sind: sprachliche, logisch-mathematische und bildlich-räumliche Intelligenz. Bei den anderen Intelligenzarten handelt es sich um musikalische, körperlich-kinästhetische, intrapersonelle, naturalistische und spirituelle Intelligenz.[7]

Aufbauend auf die inter- und intrapersonelle Intelligenz aus Gardners Multipler Intelligenz, haben Mayer und Salovey 1990 das Konstrukt der Emotionalen Intelligenz (EI) entwickelt[8]. EI wurde zu diesem Zeitpunkt von den beiden Wissenschaftlern als Teilmenge der Sozialen Intelligenz betrachtet[9]. Mayer und Salovey haben 1990 Emotionale Intelligenz wie folgt definiert: Menschen, die Fähigkeiten im Zusammenhang mit Emotionaler Intelligenz entwickelt haben, verstehen und äußern ihre eigenen Emotionen, erkennen Emotionen bei anderen, regulieren Erregungen und verwenden Stimmungen und Emotionen, um anpassungsfähiges Verhalten zu motivieren[10].

Daniel Goleman's Konzept der Emotionalen Intelligenz baut auf der Theorie von Salovey und Mayer auf. Seiner Auffassung nach ist das Erfassen der eigenen Emotionen das Fundament der Emotionalen Intelligenz (Selbstwahrnehmung). Auf die Selbstwahrnehmung baut das Führen der eigenen Gefühle auf (Selbstmanagement). Als dritten Punkt in seinem Konzept nennt er, dass eine Person die eigenen Gefühle steuern

---

[5] Vgl. *Thurstone* (1938) zitiert nach *Rammsayer* (2012), S. 182, *Thurstone/Thurstone* (1941) zitiert nach *Rammsayer* (2012), S. 182.

[6] Vgl. *Guilford* (1967) zitiert nach *Maltby/Day/Macaskill* (2011), S. 523–524 *Guilford* (1997) zitiert nach *Maltby/Day/Macaskill* (2011), S. 523–524.

[7] Vgl. *Gardner* (1983) zitiert nach *Maltby/Day/Macaskill* (2011) S. 535 & *Rammsayer* (2012), S. 193, *Gardner* (1991) zitiert nach *Maltby/Day/Macaskill* (2011) S. 535 & *Rammsayer* (2012), S. 193, *Gardner* (1998) zitiert nach *Maltby/Day/Macaskill* (2011) S. 535 & *Rammsayer* (2012), S. 193.

[8] Vgl. *Gerrig* (2016), S. 352; *Mayer/Salovey* (1993), S. 433–434.

[9] Vgl. *Salovey/Myers* (1990), S. 189.

[10] Vgl. *Salovey/Myers* (1990), S. 200.

kann (Emotionale Selbstbeherrschung). Ein weiterer Punkt ist das Wahrnehmen der Gefühle der Mitmenschen (Soziales Bewusstsein). Und als letzter Punkt wird der Umgang mit den Gefühlen anderer Personen genannt (Beziehungsmanagement).[11] EI beschreibt Goleman als „eine übergeordnete Fähigkeit, die sich – fördernd oder behindernd – zutiefst auf alle anderen Fähigkeiten auswirkt" (Goleman, 2018, S. 108).

Eine weitere Definition des Konstruktes Emotionale Intelligenz stammt von Bar-On aus dem Jahr 1997. Dieser definiert EI als eine Reihe nicht-kognitiver Fähigkeiten, Kompetenzen und Funktionen, die die Fähigkeit eines Menschen beeinflussen, mit Umweltanforderungen und -belastungen fertig zu werden.[12]

Die Wissenschaftler rund um Mayer und Salovey haben in den letzten fast 30 Jahren weiter an dem Konstrukt der EI geforscht. 2016 haben sie ihre Definition von EI verändert und diese definiert als die Fähigkeit mit Emotionen und mit emotionsbezogenen Informationen valide zu argumentieren und Emotionen zu nutzen, um das Denken zu verbessern. Das Ziel des Denkens ist es gewünschte emotionale Zustände und Erfahrungen in sich und anderen zu erreichen.[13]

Seit der Einführung des Konzeptes der EI haben sich eine ganze Reihe von Forschungen ergeben, bei dem sich einige Forschende auf EI als eine bestimmte Gruppe geistiger Fähigkeiten konzentrieren, und andere Wissenschaftler untersuchen stattdessen eine vielseitige Mischung aus positiven Eigenschaften wie Glück, Selbstwertgefühl und Optimismus. Eine Klarstellung, was EI ist und was nicht, kann dem Forschungsfeld helfen, indem die für EI wirklich relevanten Forschungen besser von der Forschung unterschieden wird, die dies nicht ist. Abschließend lässt sich festhalten, dass der Begriff der Emotionalen Intelligenz vor allem unter deutschen Wissenschaftlern sehr umstritten ist. Laut Maltby wird immer wieder kritisiert, dass der Begriff mit der eigentlichen Definition von Intelligenz aus psychometrischer und kognitionspsychologischer Sicht nur wenig zu tun hat.[14] Die EI wird eher als ein Persönlichkeitsmerkmal angesehen, da bei dieser nur bedingt Intelligenzleistungen erbracht werden[15].

In der folgenden Tabelle werden die beiden Konstrukte „Intelligenz" und „Emotionale Intelligenz" gegenübergestellt.

---

11 Vgl. *Goleman* (2018), S. 65–66.
12 Vgl. *Bar-On* (1997) zitiert nach *Stemmler* et al. (2016), S. 228–229.
13 Vgl. *Mayer/Caruso/Salovey* et al. (2016), S. 9-10.
14 Vgl. *Maltby/Day/Macaskill* (2011), S. 692.
15 Vgl. *Maltby/Day/Macaskill* (2011), S. 692; *Neyer/Asendorpf* (2018), S. 169.

Konstrukt	Intelligenz	Emotionale Intelligenz
Begriff	Die meisten Konzepte der Intelligenz umfassen folgende zwei Punkte[16]: • Eine Person kann sich, in ihr unbekannten Gegebenheiten, orientieren, weil sie ein Verständnis für die Situation hat. • Eine Person kann Herausforderungen durch nachdenken bewältigen, ohne diese im Vorfeld geübt zu haben. Es ist ausschließlich notwendig, dass die Person Verständnis für das Grundproblem aufweist.	Die Fähigkeit mit Emotionen und mit emotionsbezogenen Informationen valide zu argumentieren und Emotionen zu nutzen, um das Denken zu verbessern[17].
Einführung des Konzeptes	Im Jahr 1904 entwickelte Alfred Binet das erste Verfahren zur Messung der Intelligenz an Kindern[18].	John Mayer und Peter Salovey entwickelten das Konzept im Jahr 1990[19].
Entwicklung	Der IQ steigt im Kindesalter stetig. Im Alter von 17 Jahren ist der Höhepunkt erreicht, danach fällt der Wert wieder[20].	Die Emotionale Intelligenz entwickelt sich mit den Lebensjahren weiter[21].

---

[16] Vgl. *Neubauer* (2005), S. 323.
[17] Vgl. *Mayer* et al. (2016), S. 9.
[18] Vgl. *Maltby/Day/Macaskill* (2011), S. 205.
[19] Vgl. *Mayer* et al. (2016), S. 2.
[20] Vgl. *Bosley/Kasten* (2018), S. 44.
[21] Vgl. *Bosley/Kasten* (2018), S. 44.

Messung mit Tests	Der IQ wird mit Hilfe eines Tests gemessen, dessen Aufgaben eindeutige Antworten haben[22].	Der EQ wird mit Tests gemessen, die keine richtigen oder falschen Antworten haben, da es um die Empfindung der Testperson geht[23].
Potenziale	Menschen mit einem hohen IQ haben Erfolg bei schwierigen und komplexen Aufgaben, wie zum Beispiel mathematischen Problemen[24].	Menschen mit einem hohem EQ können besser ihre eigenen Emotionen und die andere wahrnehmen und sind deshalb einfühlsamer und zeigen mehr Empathie[25].

Tabelle 1: Vergleich zwischen klassischer Intelligenz und Emotionaler Intelligenz

Quelle: Eigene Darstellung (in Anlehnung an Bosley & Kasten, 2018, S. 44-45)

1.2 Four-Branch-Ability-Modell von Mayer und Salovey

Das "Four-Branch-Ability Model" von Mayer und Salovey ist 1997 entstanden, weil die beiden Wissenschaftler nach der Veröffentlichung von Daniel Golemans Buch ihr Modell der emotionalen Intelligenz nochmals verdeutlichen wollten. Seither gab es viele Weiterentwicklungen dieses Modelles.

Das ursprüngliche Modell von 1997 (siehe Mayer und Salovey, 1997, S. 11) besteht aus vier Zweigen, die über jeweils vier repräsentative Fähigkeiten verfügen. Der unterste Zweig betrifft die (relativ) einfachen Fähigkeiten, Emotionen wahrzunehmen und auszudrücken. Im Gegensatz dazu bezieht sich der Zweig auf höchster Ebene auf die bewusst, reflektierende Regulierung von Emotionen.[26]

In einem Artikel aus dem Jahr 2011 werden die Zweige wie folgt beschrieben[27]:

- Zweig 1: Emotionen wahrnehmen

  Die grundlegendsten Fähigkeiten umfassen die Wahrnehmung und Bewertung von Emotionen. Ein Kind lernt beispielsweise früh die Emotionen in

---

[22] Vgl. *Bosley/Kasten* (2018), S. 44.
[23] Vgl. *Bosley/Kasten* (2018), S. 44.
[24] Vgl. *Bosley/Kasten* (2018), S. 45.
[25] Vgl. *Bosley/Kasten* (2018), S. 45.
[26] Vgl. *Mayer/Salovey* (1997), S. 10.
[27] Vgl. *Mayer/Salovey/Caruso.* (2011), S. 532-533.

Gesichtsausdrücken wahrzunehmen. Das Kind weint vor Hunger oder lächelt vor Freude und beobachtet, wie sich das Gesicht der Eltern durch deren Reaktion auf das Kind verändert. Wenn das Kind wächst unterscheidet es zwischen echtem und bloß höflichem Lächeln und anderen Ausdrucksstufen.

- Zweig 2: Emotionen nutzen, um die Gedanken zu erleichtern
  Der zweite Zweig umfasst emotionales Erleben, um das Denken zu fördern, Emotionen gegeneinander, also gegen andere Gedanken und Empfindungen, abzuwägen und die Aufmerksamkeit auf die erforderlichen Emotionen zu lenken. Zum Beispiel kann ein Manager eine Emotion mit niedriger Energie verwenden, um sich auf die detaillierte Bearbeitung einer Personalplanung zu konzentrieren.

- Zweig 3: Emotionen verstehen
  Der dritte Zweig beinhalten das Verstehen und Nachdenken über Emotionen und die Verwendung von Sprache, um diese zu beschreiben. Die Erfahrung spezifischer Emotionen, wie Glück, Wut, Angst und dergleichen, wird über erlernte Regeln beeinflusst.

- Zweig 4: Emotionen verwalten
  Der vierte Zweig der emotionalen Intelligenz umfasst die Verwaltung und Regulierung von Emotionen in sich und anderen. Zum Beispiel zu wissen, wie jemand sich fühlt, wenn sie oder er wütend ist oder wie die Angst einer anderen Person reduziert werden kann.

In der nachfolgenden Tabelle wird das Modell mit seinen Änderungen aus dem Jahr 2016 vorgestellt. Dabei befinden sich in der linken Spalte die einzelnen Zweige und in der rechten Spalte die Fähigkeiten, die jeden Zweig beschreiben. Innerhalb eines Zweiges sind die einzelnen Fertigkeiten von den einfachsten zu den komplexeren angeordnet.

1. Emotionen wahrnehmen	<ul><li>Emotionen in den eigenen körperlichen Zuständen, Gefühlen und Gedanken identifizieren</li><li>Wahrnehmung von Emotionen bei anderen Menschen durch Stimmlage, Gesichtsausdruck, Sprache und Verhalten</li><li>Emotionale Inhalte in der Umgebung, in der bildenden Kunst und in der Musik wahrnehmen</li><li>Emotionen auf Wunsch genau ausdrücken</li></ul>

	• Verstehen, wie Emotionen, je nach Kontext und Kultur, dargestellt werden
	• Unterscheiden von genauen und ungenauen emotionalen Ausdrücken
	• Identifizieren von täuschenden und unehrlichen emotionalen Ausdrücken
2. Gedanken mit Emotionen fördern	• Emotionen als Hilfsmittel für Urteil und Gedächtnis erzeugen
	• Emotionen erzeugen, um auf Erfahrungen einer anderen Person einzugehen
	• Priorisieren des Denkens, indem die Aufmerksamkeit sich auf das gegenwärtige Gefühl richtet
	• Stimmungsschwankungen nutzen, um unterschiedliche kognitive Perspektiven zu generieren
	• Probleme basierend auf deren Art und Weise auswählen, in der der permanente emotionale Zustand die Wahrnehmung erleichtern kann
3. Emotionen verstehen	• Emotionen kennzeichnen und Beziehungen zwischen ihnen erkennen
	• die Vorgeschichte, die Bedeutung und die Folgen von Emotionen bestimmen
	• die Situation bewerten, in denen wahrscheinlich Emotionen ausgelöst werden
	• Unterscheidung zwischen Stimmungen und Emotionen
	• verstehen von komplexen und gemischten Emotionen
	• mögliche Übergänge zwischen Emotionen erkennen, z. B. von Ärger zu Zufriedenheit
	• verstehen, wie sich eine Person in der Zukunft oder unter bestimmten Bedingungen fühlen kann
	• kulturelle Unterschiede bei der Bewertung von Emotionen erkennen
4. Umgang mit Emotionen	• offen bleiben für angenehme und unangenehme Gefühle und für die Information, die diese Emotionen vermitteln

	• mit Emotionen umgehen, wenn diese hilfreich sind und wenn diese nicht hilfreich sind, die Emotionen lösen • emotionale Reaktionen überwachen, um ihre Vernunft zu bestimmen • Strategien auswerten, um eine emotionale Reaktion aufrechtzuerhalten, zu reduzieren oder zu intensivieren • die eigenen Emotionen effektiv verwalten, um ein gewünschtes Ergebnis zu erzielen • effektiv die Emotionen anderer steuern, um ein gewünschtes Ergebnis zu erzielen

Tabelle 2:   Das Four-Branch-Ability Modell von Mayer und Salovey

Quelle: Eigene Darstellung (zitiert nach *Mayer/Caruso/Salovey*, 2016, S. 7, S 9)

1.3 emotionale Intelligenz als Gesundheitsfaktor

Wie bereits beschrieben, gibt es verschiedene Definitionen für die Emotionale Intelligenz und demnach auch verschiedene Modelle. Aber allen Modellen gemein ist, dass diese eine wichtige Bedeutung unter anderem für die klinische Psychologie haben. [28] Bereits zu Beginn der Forschungen zum Thema Emotionale Intelligenz haben Mayer und Salovey gesagt, dass davon ausgegangen werden kann, dass eine Person mit emotionaler Intelligenz in einer zumindest begrenzten Form eine positive psychische Gesundheit erreichen kann. Das Ausdrücken der eigenen Gefühle führt demnach zu einem positiven Wohlbefinden.[29] Heute gibt es viele Studien, die den Zusammenhang zwischen Emotionaler Intelligenz und verschiedenen Aspekten der Gesundheit untersuchen. Individuen mit einer besonders hohen Emotionalen Intelligenz sind zum Beispiel besonders gut darin ein psychologisch gesundes Leben zu führen. Des Weiteren vermeiden diese Menschen vermehrten Drogenmissbrauch. Dieser Personengruppe wird ebenso unterstellt, dass sie durch die Beratung anderer Menschen und die direkte Hineinversetzung in deren Situationen, in der Lage sind diesen zu helfen, in größerer Harmonie und Zufriedenheit mit sich selbst zu leben.[30]

---

[28]   Vgl. *Parker* (2006), S. 276.
[29]   Vgl. *Salovey/Myers* (1990), S. 201.
[30]   Vgl. *Mayer* (2004), S. 8.

In einer Studie zum Thema Emotionale Intelligenz und Bewältigung von beruflichen Notsituationen bei Umsiedlern konnte festgestellt werden, dass es einen stark negativen Zusammenhang zwischen dem Merkmal EI und Burnout gibt. Nach den Ergebnissen neigen Menschen mit einem geringen Wert im Bereich der Emotionalen Intelligenz eher zu schlechten Anpassungsstrategien in ihrem Umfeld.[31] In einer anderen Studie, die die Soziale Unterstützung und Emotionale Intelligenz im Zusammenhang mit einer Posttraumatischen Belastungsstörung (PTBS) untersuchte, konnten Zusammenhänge zwischen der Emotionalen Intelligenz und der Gesundheit gezeigt werden. Laut den Ergebnissen ist Emotionale Intelligenz signifikant mit PTBS-Symptomen verbunden. Die soziale Unterstützung kann eine wesentliche Rolle in der Beziehung zwischen Emotionaler Intelligenz und einer PTBS spielen. Höhere EI-Werte können mit einem besseren sozialen Funktionieren einhergehen, da es dem Einzelnen ermöglicht werden kann, sich wirksam an sozialen Interaktionen zu beteiligen, was zu mehr Beziehungen und einem besseren sozialen Netzwerk führt. Die Ergebnisse der Studie legen nahe, dass die wahrgenommene Menge und Qualität des Sozialen Support nach einer traumatischen Erfahrung mit weniger PTBS-Symptomen in Verbindung gebracht werden kann. Einige Untersuchungen haben weiterhin gezeigt, dass durch die Verbesserung der Emotionalen Intelligenz die psychologischen Auswirkungen von Stress reduziert werden können. Auch Empfehlungen für Praktiker wurden in dieser Studie erwähnt. Es sei besser bei einer PTBS die Emotionale Intelligenz zu stärken, statt sich der Verbesserung des Netzwerks und deren Qualität in Bezug auf den Sozialen Support zu widmen.[32]

1.4 Fazit

Neben den drei hier genannten Definitionen zur Emotionalen Intelligenz gibt es viele weitere Operationalisierungen des Konstruktes EI. Für die weitere Untersuchung dieses Konstruktes wäre es wünschenswert, wenn die Wissenschaft sich auf eine Definition einigt, damit alle das gleiche Verständnis haben. Um den kompletten Forschungstand zum Thema Emotionale Intelligenz darzustellen, bedarf es mehr als nur fünf bis sechs Seiten. Alles in allen wird dieses Konstrukt auch in der Zukunft interessant bleiben, vor allem im Hinblick auf die Relevanz für die klinische Psychologie.

---

[31] Vgl. *Espinosa/Akinsulure-Smith/Chu* et al. (2019), S. 31.
[32] Vgl. *Hofman* et al. (2016), S. 31, S. 35-36.

2 Aufgabe C2 – Persönlichkeitseigenschaften im Berufsalltag

In der Persönlichkeitspsychologie gibt es viele unterschiedliche Theorien. Das Eigenschaftskonzept von Cattell ist eines dieser Modelle. Nachfolgend wird das Modell der 16 Persönlichkeitseigenschaften von R. B. Cattell vorgestellt. Anschließend werden drei Persönlichkeitseigenschaften aus dieser Theorie näher betrachtet, die geeignet erscheinen für ein persönliches Feedbackgespräch. Abschließend werden die Möglichkeiten und Grenzen des Gebrauchs von Persönlichkeitstest in der Personalauswahl diskutiert sowie die Kriterien für die Auswahl geeigneter Persönlichkeitstest vorgestellt.

2.1 Das Modell der 16 Persönlichkeitseigenschaften von R. Cattell

Das Modell der 16 Persönlichkeitseigenschaften von Cattell entstand aus seinem Wunsch den Menschen in seiner Komplexität zu analysieren und zu begreifen[33]. Cattell definiert Persönlichkeit als das Element eines Individuums, dass bestimmt, wie ein Mensch sich in einer bestimmten Situation verhalten wird[34]. Dabei unterscheidet Cattell verschiedene Klassen von Persönlichkeitseigenschaften, die in der Abbildung 1 dargestellt sind.

Eine Unterscheidung findet in allgemeine und individuelle Eigenschaften statt. Hierbei meint Cattell mit allgemeine Eigenschaften Merkmale, die bei allen Individuen in unterschiedlicher Ausprägung zu finden sind, z. B. Intelligenz oder soziale Kompetenz. Die individuellen Persönlichkeitseigenschaften sind nur bei einer kleinen, spezifischen Gruppe von Individuen zuerkennen, dies könnten zum Beispiel Briefmarken sammeln sein.[35] Cattell trennt zusätzlich in Grundeigenschaften und Oberflächeneigenschaften. Oberflächeneigenschaften sind sogenannte Persönlichkeitsdeskriptoren, diese bestehen aus verschiedenen Grundeigenschaften, die miteinander korrelieren. In diesem Zusammenhang sind die Grundeigenschaften, die Eigenschaften, die verschiedene Menschen voneinander unterscheiden. Die Grundeigenschaften konnte Cattell durch eine Faktoranalyse herausfinden.[36] Um überhaupt eine Faktoranalyse durchführen zu können, waren zuvor andere Schritte notwendig.

---

[33]   Vgl. *Stemmler* et al. (2016), S. 268.
[34]   Vgl. *Cattell* (1950), S. 2.
[35]   Vgl. *Maltby/Day/Macaskill* (2011), S. 301-303.
[36]   Vgl. *Cattell* (1950) zitiert nach *Maltby/Day/Macaskill* (2011), S. 303-304.

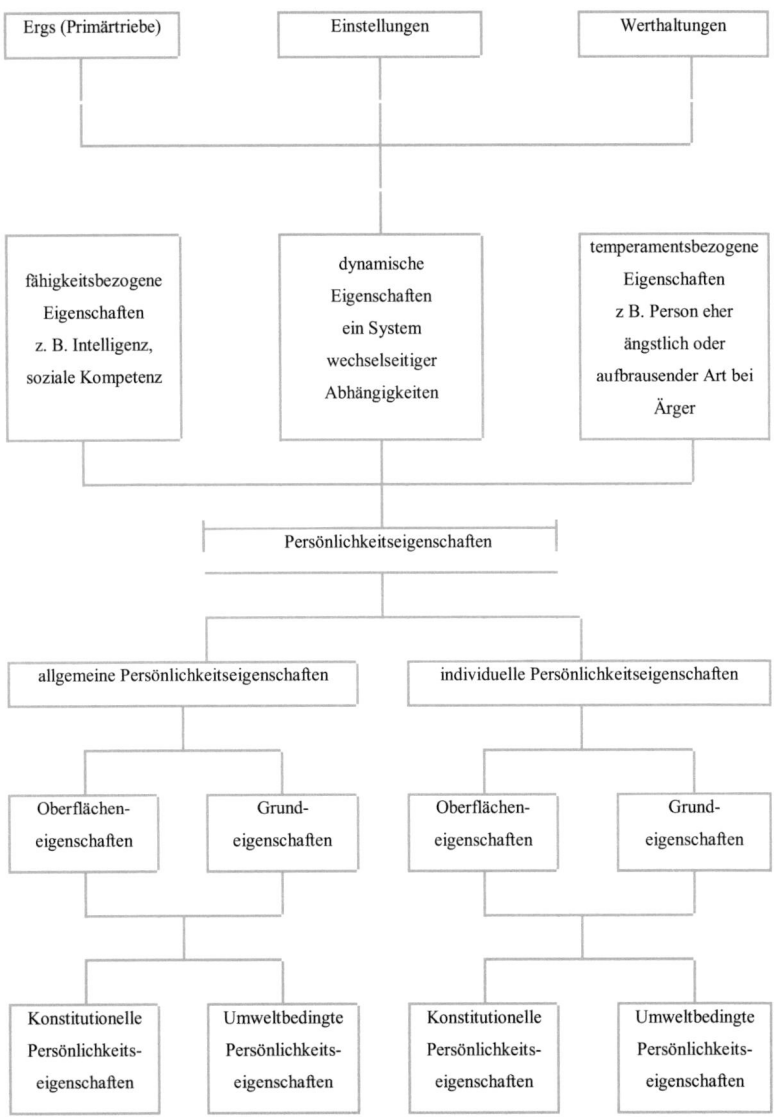

Abbildung 1: Persönlichkeitseigenschaften nach R. Cattell

Quelle: Eigene Darstellung (in Anlehnung an *Maltby/Day/Macaskill*, 2011, S. 303)

Cattell nutze die psycholexikalische Studie von Allport und Odbert. In dieser Studie haben die beiden Wissenschaftler aus dem Webster New International Dictionary ca. 18 000 Begriffe herausgesucht, die Eigenschaften einer Persönlichkeit beschreiben. Nach

16

dem Entfernen von Synonymen blieben ca. 4 500 Begriffe übrig.[37] Diese verbleibenden Begriffe nutzte Cattell wiederum, um diese in mehreren Verfahren einzuschränken, bis es nur noch 171 Eigenschaftsbegriffe waren.[38] Anschließend hat Cattell eine Gruppe von Menschen gebeten, Probanden mithilfe dieser Eigenschaftswörter zu beschreiben. Hieraus entstanden 36 Oberflächeneigenschaften. Diese wurden durch zehn weitere Oberflächeneigenschaften ergänzt, die Cattell aus psychiatrischen Studien entnahm.[39] Cattell und Kline kamen 1977 zu dem Entschluss, dass 46 Oberflächeneigenschaften genügen, um die Einzigartigkeit eines Menschen darzulegen[40] Cattell verfolgte weiterhin das Ziel mit Hilfe der Faktoranalysen die 46 Oberflächeneigenschaften an einer möglichst großen Anzahl an Probanden zu überprüfen, wobei er folgende Daten erhob[41]:

- L-Daten oder Lebensprotokolle beziehen sich auf die Verhaltensweisen eines Individuums in seinen täglichen Leben[42]. Da diese Daten keine Testwerte sind, wurden die Angaben mit Hilfe von anderen Personen aus dem persönlichen Umfeld des Probanden erhoben[43].

- Q-Daten werden aus psychologischen Tests gewonnen, in denen der Proband eine Selbsteinschätzung abgibt. Diese Daten wurden mit Fragebögen oder Interviews gewonnen.[44]

- T-Daten gründen auf objektiven Test. Die Versuchsperson können bei diesen Tests das Ergebnis laut Cattell nicht beeinflussen. Als Beispiel ist hier zu nennen, wie viel Zeit benötigt ein Proband, um eine Labyrinth-Aufgabe zu lösen.[45]

Auf der Grundlage, dieser gewonnen Daten, ermittelte Cattell mithilfe der Faktoranalyse, 16 Primärfaktoren. Diese Primärfaktoren entsprechen den oben genannten Grundeigenschaften. 12 Elemente der 16 Primärfaktoren sind auf die L-Daten zurückzuführen, die anderen vier Bestandteile sind testspezifisch Faktoren.[46] Die Persönlichkeitseigenschaften wurden durch Cattell nach ihrer vorliegenden Bedeutung

---

[37]   Vgl. *Allport/Odbert* (1936) zitiert nach *Stemmler* et al. (2016), S. 270.
[38]   Vgl. *Stemmler* et al. (2016), S. 270.
[39]   Vgl. *Maltby/Day/Macaskill* (2011), S. 304.
[40]   Vgl. *Cattell/Kline* (1977) zitiert nach *Maltby/Day/Macaskill* (2011), S. 304
[41]   Vgl. *Maltby/Day/Macaskill* (2011), S. 304–305.
[42]   Vgl. *Cattell* (1973), S. 61, S. 325.
[43]   Vgl. *Cattell* (1973), S. 325; *Maltby/Day/Macaskill* (2011), S. 304.
[44]   Vgl. *Angleitner/Riemann* (2005), S. 95–96.; *Cattell* (1973), S. 327; *Maltby/Day/Macaskill* (2011), S. 304–305.
[45]   Vgl. *Angleitner/Riemann* (2005), S. 96; *Cattell* (1973), S. 62; *Maltby/Day/Macaskill* (2011), S. 305.
[46]   *Cattell* (1971) zitiert nach *Maltby/Day/Macaskill* (2011), S. 305; *Cattell/Kline* (1977) zitiert nach *Maltby/Day/Macaskill* (2011), S. 305.

Primär-dimension	Messgröße	Skalenbezeichnung	kurze Kennzeichnung der Skala
A	Wärme	Sachorientierung vs. Kontaktorientierung	reserviert, unpersönlich, distanziert vs. warmherzig, aufmerksam für die Gefühle und Bedürfnisse anderer
B	Logisches Schlussfolgern	Konkretes Denken vs. abstraktes Denken	niedrig vs. hoch
C	Emotionale Stabilität	Emotionale Störbarkeit vs. emotionale Widerstandsfähigkeit	stimmungslabil vs. emotional stabil, ausgeglichen
E	Dominanz	Soziale Anpassung vs. Selbstbehauptung	nachgiebig, kooperativ, konfliktvermeidend vs. dominant, durchsetzungsfähig, sich selbst behauptend
F	Lebhaftigkeit	Besonnenheit vs. Begeisterungsfähigkeit	ernst, zurückhaltend, bedacht vs. lebhaft, spontan, gesellig
G	Regelbewusstsein	Flexibilität vs. Pflichtbewusstsein	unangepasst, nonkonformistisch vs. regelbewusst, pflichtbewusst
H	Soziale Kompetenz	Zurückhaltung vs. Selbstsicherheit	scheu, schüchtern vs. sozial kompetent, kontaktstark
I	Empfindsamkeit	Robustheit vs. Sensibilität	sachlich, unsentimental, robust vs. empfindsam, gefühlvoll, sentimental
L	Wachsamkeit	Vertrauensbereitschaft vs. Überlegtheit	vertrauensvoll, arglos vs. wachsam, misstrauisch, skeptisch
M	Abgehobenheit	Pragmatismus vs. Unkonventionalität	lösungsorientiert, praktisch, auf dem Boden der Tatsachen stehend vs. abgehoben, träumerisch, phantasievoll, ideenreich
N	Privatheit	Unbefangenheit vs. Überlegtheit	offen, geradeheraus, natürlich vs. verschlossen, diskret
O	Besorgtheit	Selbstvertrauen vs. Besorgtheit	selbstsicher, selbstzufrieden, selbstbejahend vs. besorgt, selbstzweifelnd, verletzlich
Q1	Offenheit für Veränderung	Sicherheitsinteresse vs. Veränderungsbereitschaft	am Gewohnten haftend, traditionalistisch vs. offen für Veränderung, experimentierfreudig, aufgeschlossen für Neues
Q2	Selbstgenügsamkeit	Gruppenverbundenheit vs. Eigenständigkeit	sozial orientiert, anschlussfreudig vs. selbstgenügsam, einzelgängerisch, zurückgezogen
Q3	Perfektionismus	Spontanität vs. Selbstkontrolle	flexibel, wenig Wert auf Ordnung/Perfektion/Disziplin legend vs. perfektionistisch, planvoll, selbstdiszipliniert, ordentlich
Q4	Anspannung	Innere Ruhe vs. innere Gespanntheit	entspannt, ruhig, gelassen, geduldig vs. angespannt, reizbar, nervös, getrieben

Tabelle 3:   Sixteen Personality Factor Questionnaire (16 PF-R)

Quelle: Eigene Darstellung (zitiert nach *Schneewind/Graf,* 1998, S. 10, S. 67–75)

auf das menschliche Verhalten in eine Hierarchie gebracht[47]. Hierzu wurde die Varianzstärke herangezogen. In der **Fehler! Verweisquelle konnte nicht gefunden**

---

[47]   Vgl. *Maltby/Day/Macaskill* (2011), S. 305.

werden. sind die 16 Primärskalen entsprechend ihrer Rangordnung dargestellt. Die Anstrengungen von Cattell mündeten in dem 16-Persönlichkeitsfaktoren-Test (16 PF), der erstmals im Jahr 1949 herausgegeben wurde.[48]

2.2 Grundeigenschaften im Rahmen des betrieblichen Feedbackgesprächs

Im Rahmen der Personalarbeit werden Persönlichkeitstests bei der Einstellung von neuen Mitarbeitern herangezogen. Ebenfalls werden diese zur Potenzialanalyse von vorhanden Mitarbeitern verwendet. Ein geeignetes Mittel ist dabei der 16 PF. Wie bereits beschrieben, bildet dieser Test ein breites Spektrum der Persönlichkeit ab. Im nachfolgenden werden drei Persönlichkeitseigenschaften erläutert, die sich, nach Auffassung der Autorin, gut für ein berufliches Kompetenzfeedback eignen.

Eine mögliche Skala im Rahmen des betrieblichen Feedbackgesprächs ist die „Emotionale Stabilität". Hierbei wird das körperliche und seelische Wohlbefinden eines Individuums gemessen. Es gibt Personen, die sehr harmonisch und ruhig sind und es gibt auf der anderen Seite Menschen, die unausgeglichen und mit sich selbst nicht im Reinen sind.[49] Typische Klischees aus dem Arbeitsalltag sind der cholerische Chef oder die Kollegin, die am Schreibtisch einfach ohne ersichtlichen Grund anfängt zu weinen. Hierbei handelt sich um Merkmale emotionaler Instabilität. Was heißt das konkret und wie kann eine Führungspersönlichkeit oder das Kollegium dies erkennen? Es gibt unterschiedliche Anzeichen, die nicht alle gleich ausgeprägt sind. Zum Beispiel kann eine Person ständig nach Bestätigung in ihrem Umfeld suchen. Oder das Individuum fängt bei jeder Nichtigkeit einen Streit an und gibt keine Ruhe, bis sie oder er recht hat. Bei Kleinigkeiten, die nicht nach ihren oder seinen Vorstellungen geschehen, gerät diese Person in Stress. Emotional stabile Wesen sind mit sich und dem Leben zufrieden und nehmen neue Herausforderungen im Leben gern an.[50]

Als Zweites soll das Regelbewusstsein genannt werden. In vielen Teilen der Berufswelt wird ein großer Wert auf Regelbewusstsein gelegt, wie zum Beispiel im Bereich der Pharma- und Medizinprodukteherstellung. In der Skala G wird der Grad von richtig oder falsch, der sich auf kultureller Basis entwickelt hat, gemessen[51]. Menschen mit einem eher geringen Regelbewusstsein empfinden das Brechen von Regeln als nicht so schlimm,

---

[48]   Vgl. *Bartussek* (1996), S. 71.
[49]   Vgl. *Schneewind/Graf* (1998), S. 68.
[50]   Vgl. *Schneewind/Graf* (1998), S. 68.
[51]   Vgl. *Cattell* et al. (1970) zitiert nach *Schneewind/Graf* (1998), S. 70.

solange sie einen guten Grund für sich darin sehen. Dieser gute Grund kann leider die Produktqualität gefährden und gegebenenfalls Menschenleben. Bei wenig regelbewussten Menschen muss differenziert werden, zwischen Personen, die die kulturbetreffenden Normen nicht verinnerlicht haben und solchen Persönlichkeiten, die sich aus Prinzip nicht an Regel halten wollen, weil sie um ihre Unabhängigkeit fürchten. Dem gegenüber stehen Individuen, die ein sehr ausgeprägtes Regelbewusstsein haben. Diese unterstützen gerne und helfen dabei, dass weniger regelbewusste Kolleginnen und Kollegen regelkonform arbeiten. Ein zu starkes Regelbewusstsein kann für das Kollegium anstrengend werden. Diese Menschen werden von dem Kollegenkreis als sehr akribisch, penibel und teilweise pedantisch wahrgenommen. Aufgrund ihrer ausgeprägten Persönlichkeitseigenschaft erwarten sie von ihren Mitmenschen ebenso gutes Benehmen und eine Einhaltung jeglicher Vorschriften.[52]

Die dritte Persönlichkeitseigenschaft, die an dieser Stelle vorgestellt werden soll, ist „Soziale Kompetenz". Zum Verdeutlichen soll hier ein Bild aus Besprechungen angeführt werden. Auf der einen Seite sitzt eine Kollegin oder ein Kollege, der gerne zuhört, ruhig ist, wirkt, als ob er sich in der Situation nicht wohlfühle, selten einen Beitrag zu Diskussionen leistet, obwohl sie oder er eine klare Meinung hat. Dieser Charaktertyp wird als schüchtern bezeichnet. Dieser Mensch kann sich in der Gesellschaft, vor allem unbekannter Menschen, nur schwerfallen lassen. Es ist ein Gefühl des Unbehagens und der scheu vorhanden, vor der großen Gruppe zu reden scheint, wie ein unbezwingbarer Berg. Demgegenüber steht eine sehr offene Persönlichkeit. Das Gespräch mit einem weniger bekannten Kollegenkreis fällt dieser Person sehr leicht. Sie geht gerne auf ihr unbekannte Individuen zu, dabei ist es egal, ob dies eine Kollegin oder ein Kollege, eine Führungskraft oder auswärtige Personen, wie zum Beispiel Geschäftskunden, sind. Wenn die soziale Kompetenz sehr hoch ausgeprägt ist, hat dies nicht nur Vorteile. Diese Art kann die Kollegen ebenso einschüchtern und es führt zu einer sehr einseitigen Konversation.[53]

Nach Auffassung der Verfasserin sind die drei genannten Persönlichkeitseigenschaften über alle Berufsgruppen hinweg wichtig. Im folgenden Abschnitt soll die Frage beantwortet werden, wie die Mitarbeitenden aus der Personalabteilung bereits in der

---

[52] Vgl. *Schneewind/Graf* (1998), S. 70.
[53] Vgl. *Schneewind/Graf* (1998), S. 71.

Bewerbungsphase die Persönlichkeitseigenschaften von Bewerbern herausfinden können.

2.3 Persönlichkeitstests in der Personalauswahl

In einer Studie aus dem Jahr 2015 wurde gezeigt, dass Personalverantwortliche am ehesten den Myers-Briggs-Typenindikator (MBTI) und das persolog Persönlichkeitsprofil (DISG) kennen. Erst an dritter Stelle wurde das Bochumer Inventar zur berufsbezogenen Persönlichkeitsbeschreibung (BIP) genannt.[54] Der MBTI und der DISG gehören zu den sogenannten Typentests von Beratungsgesellschaften. Diese Verfahren geben einen Überblick über die Gesamtpersönlichkeit. Kritiker sagen, dass die Testergebnisse immer positiv ausfallen und das Ergebnis irgendwie auf jedes Individuum passt. Des Weiteren liegen zu diesen Verfahren keine evidenzbasierten Daten vor.[55] Hingegen sind Persönlichkeits-Struktur-Tests, wie der 16-PF oder der BIP, durch Psychologen entwickelt wurden. Diese Tests werden über Testzentralen vertrieben. Untersuchungen von Persönlichkeits-Struktur-Tests betrachten eine größere Anzahl an Dimensionen und bieten eine große Bandbreite an Persönlichkeitseigenschaften, zwischen denen besser differenziert werden kann. Wenn im Vorfeld des Auswahlverfahrens eine Analyse der zukünftigen Arbeit durchgeführt wurde und bestimmte Persönlichkeitseigenschaften identifiziert wurden, kann eine qualitative und quantitative Beurteilung der Ergebnisse des Bewerbenden in Hinblick auf seine Eignung für den zukünftigen Arbeitsplatz vorgenommen werden.[56] Der BIP misst die individuellen Eignungsvorrausetzungen[57]. Einige der Dimensionen aus dem BIP sind mit den globalen NEO-Faktoren der Big Five vergleichbar.[58] Bei Eigenschaften, die mithilfe des NEO-Persönlichkeitsinventars (NEO-PI-R) gemessen werden, wird kritisiert, dass diese zu oberflächlich sind und die eignungsdiagnostische Relevanz zu gering ist.[59] Die Mitarbeitenden im Personalwesen möchten aber einen möglichst umfassenden Blick über den Bewerbenden haben. Die komplette Persönlichkeit wird sich nie mit einem Persönlichkeitstest erfassen lassen. Des Weiteren muss berücksichtigt werden, dass das Testverfahren auf eine Selbsteinschätzung beruht und somit immer die Gefahr einer

[54]   Vgl. *Hossiep/Schecke/Weiß* (2015), S. 127.
[55]   Vgl. *Hossiep/Mühlhaus* (2015), S. 1-2; *Kersting* (2014a).
[56]   Vgl. *Hossiep/Mühlhaus* (2015), S. 2.
[57]   Vgl. *Hossiep/Paschen* (2003).
[58]   Vgl. *Krohne/Hock* (2015), S. 418.
[59]   Vgl. *Schaarschmidt/Kieschke* (2004), S. 754–755.

Beschönigung des Testergebnisses besteht.[60] Für das Personalwesen ist ein solches Verfahren, trotz der Nachteile, immer ein Zeitgewinn. Ungeachtet dessen sollte ein Persönlichkeits-Struktur-Test nur in Kombination mit anderen Verfahren eingesetzt werden, um einen möglichst hohen Vorhersagewert für den Berufserfolg zu erhalten.[61]

Abschließend wird noch die Frage beantwortet, wie Personalabteilungen bei der Vielzahl an Tests ein wissenschaftlich fundiertes Instrument auswählen können. Grundsätzlich lässt sich sagen, dass ein psychologisch fundiertes Verfahren an seinem Testmanual oder Testhandbuch erkennbar ist. Zusätzlich werden Angaben zur Zuverlässigkeit, der Testgültigkeit und der Normen gemacht. Wissenschaftlich untermauerte Verfahren werden, wie bereits oben genannt, über eine Testzentrale vertrieben.[62] Aus den Forderungen des Bund Deutscher Psychologinnen und Psychologen eine Testnorm mit Mindestanforderungen für die interne und externe Personalauswahl zu haben, entstand die DIN 33430[63]. Aufbauen auf die DIN 33430 hat das Diagnostik- und Testkuratorium (DTK) einen Leitfaden zur Einschätzung von Tests und Fragebögen entwickelt. Unter anderem wird darin abgefragt, wie zuverlässig die Testergebnisse sind und wie gut sich zum Beispiel der Berufserfolg vorhersagen lässt. Des Weiteren werden die klassischen Gütekriterien Validität, Reliabilität und Objektivität beurteilt. Der DTK hat eine Datenbank mit zahlreichen rezensierten Testverfahren zur Verfügung gestellt, in der sich über den Wunschtest vor dem Einsatz informiert werden kann.[64]

2.4 Fazit

Zusammenfassend lässt sich feststellen, dass die Arbeiten von Cattell zur Erfassung der Persönlichkeit eines Menschen grundlegend für die heutige Arbeit im Personalwesen sind. Der 16-Persönlichkeitsfaktoren-Test und andere wissenschaftsbasierte Verfahren zur Testung von Persönlichkeit sollten nur durch Fachpersonal angewendet werden, um Missdeutungen möglichst gering zu halten. Die einzelnen Eigenschaften mit ihren Beschreibungen sind für ein Feedbackgespräch und die Weiterentwicklung eines Mitarbeiters ein guter Anhaltspunkt. Ebenso können Sie im Rahmen der Personalauswahl zum Einsatz kommen. Bei der Personalauswahl sollen Persönlichkeitstest nur in

---

[60] Vgl. *Simon* (2016), S. 43.
[61] Vgl. *Hossiep/Paschen/Mühlhaus* (2000), S. 300.; *Simon* (2016), S. 42-43.
[62] Vgl. *Blickle* (2019), S. 280.
[63] Vgl. *Kersting* (2014a); *Skibba* (2006), S. 27.
[64] Vgl. *Kersting* (2014a).

Kombination mit anderen Verfahren eingesetzt werden, damit die Gefahren durch Verfälschung der Ergebnisse in der Selbsteinschätzung reduziert werden. Arbeitgebern ist zu empfehlen den Prozess der Personalauswahl gemäß der DIN 33430 durchzuführen.

Aufgabe C3 – Kreativität

Johannes Kepler, Friedrich Schiller, Carl Benz, Albert Einstein und Sophie Scholl. Was haben diese Menschen gemeinsam? Sie sind alle auf ihre Art und Weise kreative Köpfe gewesen. Auf den folgenden Seiten wird erläutert, was Kreativität ist und wie diese sich von dem Konstrukt der Intelligenz abgrenzt. Die Wissenschaft ist sich uneinig, ob Kreativität gemessen werden kann. Diese Frage wird im zweiten Teil kurz beleuchtet. Zum Schluss werden Einflüsse auf die Kreativität im beruflichen Alltag vorgestellt.

3.1 Das Konstrukt der Kreativität

Seit Jahren sucht die Wissenschaft nach einer einheitlichen Definition für das Konstrukt der Kreativität. Hennessey und Amabile (2010) schreiben, dass Kreativität die Entwicklung eines neuen Produktes, einer neuen Idee oder einer Problemlösung umfasst, die für den Einzelnen und/oder eine größere soziale Gruppe von Bedeutung ist.[65] Diese Definition baut auf die Erste in dieser Art und Weise eindeutigen Begriffsbestimmung von Stein aus dem Jahr 1953 auf. Stein erklärte, dass Kreativität eine neuartige Arbeit ist, die von einem Team zu einem bestimmten Zeitpunkt als nützlich angesehen wird. Dabei wird betont, dass diese Arbeit in dieser Form vorher noch nie existiert hat, aber bereits bekannte Materialien enthalten kann.[66] Zusammenfassend lässt sich sagen, dass Kreativität ungelöste Aufgaben offenbart, immer wieder, noch nie dagewesene Erkenntnisse und außergewöhnliche Lösungen für Probleme unterschiedlichster Art hervorbringt. Dies wird auch als divergentes Denken bezeichnet. Divergentes Denken zeichnet sich dadurch aus, dass eine Aufgabenstellung erst einmal erfasst werden muss, bevor über die Lösung nachgedachte werden kann. Das Gegenteil ist das konvergente Denken. Diese Denkweise wird benötigt, wenn es eine klare Aufgabenstellung mit nur einer richtigen Lösung gibt, so zum Beispiel bei Intelligenztests.[67] Intelligenz kann Kreativität in einer Art und Weise unterstützen, ist aber nicht zwingend erforderlich, da die beiden Denkweisen unterschiedlichen Gehirnarealen benötigen.[68] Intelligenz ist messbar, ob Kreativität ebenfalls gemessen werden kann, wird im folgenden Abschnitt besprochen.

---

[65] Vgl. *Hennessey/Amabile* (2010), S. 572.
[66] Vgl. *Stein* (1953), S. 311.
[67] Vgl. *Neyer/Asendorpf* (2018), S. 163.
[68] Vgl. *Groeben* (2019); *Myers* (2014), S. 406.

3.2 Messung der Kreativität

Die Messung von Kreativität kann in zwei Gruppen unterschieden werden[69]:

- in Kreativitätstest, die die maximale Kreativität mit psychometrischen Testverfahren erfassen und

- Selbst- und Fremdeinschätzung, sowie biographischen Methoden zur Beurteilung des kreativen Potenzials einer Person.

Guilford und andere Wissenschaftler haben auf der Grundlage des divergenten Denkens eine große Anzahl an Kreativitätstests entwickelt. Noch heute unterscheidet man in der modernen Testpraxis zwischen dem divergenten und konvergenten Denken.[70] Diese Tests umfassen folgende vier Komponenten[71]:

- Sensitivität gegenüber Problemen: Probleme identifizieren und erkennen, wo diese Probleme liegen und eine Lösung mit gegebenenfalls mehreren Alternativen anbieten.

- Flüssigkeit des Denkens: In kurzer Zeit zu einem vorgegebenen Begriff möglichst viele Möglichkeiten der Verwendung nennen. Beispiel: Ziegelsteinaufgabe

- Originalität des Denkens: Zu einer Information möglichst viele entfernt liegende Analogien bilden.

- Flexibilität des Denkens: Lösung von Aufgaben, wie das Neun-Punkte-Problem oder das Kerzenproblem.

Guilford schreibt 1976 in einen Artikel, dass Kreativität alleine durch hohe Werte in Tests zum divergenten Denken nicht reichen. Es wird immer konvergentes Denken benötigt.[72] Zur Überprüfung von individuellen Kreativitätswerten sind die Kreativitätsmessungen auf Grundlage des divergenten Denkens somit nur bedingt anwendbar.[73] Krause beschreibt dies ähnlich wie Guilford. Er weist darauf hin, dass hohe Ergebnisse in diesen Tests noch nichts über die Kreativität eines Individuums aussagen. Für die Entwicklung

---

[69] Vgl. *Neyer/Asendorpf* (2018), S. 163.
[70] Vgl. *Cropley/Arthur* (1995), S. 352; *Neyer/Asendorpf* (2018), S. 163.
[71] Vgl. *Neyer/Asendorpf* (2018), S. 163.
[72] Vgl. *Guilford* (1976), S. 169.
[73] Vgl. *Stemmler* et al. (2016), S. 238.

von Kreativität ist mehr erforderlich, wie zum Beispiel eine kreativitätsfördernde Arbeitsatmosphäre.[74]

Ein weiteres Testverfahren ist der „Torrance Test of Creative Thinking". Dieser Test wird seit vielen Jahren von Wissenschaftlern auf der ganzen Welt eingesetzt, wenn die Kreativität eines Individuums gemessen werden soll. Auch hier wird von den Forschern der Nutzen zur Erfassung von kreativen Fähigkeiten in Frage gestellt.[75]

Im Allgemeinen werden die Fragen in Kreativitätsmessungen offen gestellt, damit die Testperson ihrer Kreativität, ähnlich wie in der natürlichen Umwelt, freien Lauf lassen kann. Durch diese Methode wird jedoch die Objektivität der Untersuchung gemindert. Die Güte der Antworten wird durch geschultes Personal beurteilt. Der Einflussreichtum bzw. die Originalität wird anhand des seltenen Vorkommens der Antwort im Vergleich mit anderen Antworten gemessen.[76]

3.3 situative Einflüsse auf die Kreativität im beruflichen Alltag

Kreativität wird heute als eine auffallende Art und Weise des Überwindens von schwierigen Situationen empfunden. Diese speziellen Methoden sind allen Menschen in eingeschränkten Bereichen gegeben. Aus diesem Umstand heraus, sind verschiedene Forschungen zur Beeinflussung der Kreativität entstanden.[77] Eine dieser Arbeiten stammt von Amabile. Sie hat neun Merkmale herausgefunden, die die Kreativität fördern können und neun Eigenschaften, die die Kreativität hemmen[78]. Jeweils drei dieser situativen Einflüsse werden im nachfolgenden anhand von Beispielen aus dem beruflichen Alltag näher erläutert.

Umgebungen, die die Kreativität fördern[79]:

- gutes Projektmanagement: Für ein gutes Projektteam ist ein gutes Projektmanagement unerlässlich. Das Projektmanagement muss die Mitarbeitenden gemäß ihren Qualifikationen einteilen. Diese Person muss kommunikationsstark sein, um Ideen aus dem Kollegium heraus zu kitzeln, aber

---

[74] Vgl. *Krause* (1972), S. 35; *Stemmler* et al. (2016), S. 236.
[75] Vgl. *Hennessey/Amabile* (2010), S. 573.
[76] Vgl. *Stemmler* et al. (2016), S. 236–237.
[77] Vgl. *Groeben* (2019); *Maltby/Day/Macaskill* (2011), S. 746.
[78] Vgl. *Amabile* (1988), S. 146.
[79] Vgl. *Amabile* (1988), S. 146–147.

auch die Teammitglieder während dieser Zeit von anderen Aufgaben entbinden lassen.

- ausreichende Ressourcen: Um die Kreativität der Mitarbeiter zu fördern, ist eine regelmäßige Weiterbildung dieser Angestellten zu fördern. Ebenso ist der Zugang zu Fachliteratur und/oder neun Gerätschaften essenziell.

- genügend Zeit: Jeder Mensch möchte gerne ausreichend Zeit haben, um ein Problem von allen Seiten zu beleuchten. Es ist erforderlich, das Problem für einen gewissen Zeitraum zur Seite legen zu können, um Platz für neue Ideen zu schaffen.

Umgebungen, die die Kreativität hemmen[80]:

- Einschränkungen: Kreativität kann sich nicht entwickeln, wenn der Mitarbeitende genaue Vorgaben erhält, wie die gestellt Aufgabe zu lösen ist.

- Wettbewerb: Wenn innerhalb eines Teams zwischenmenschlicher Wettbewerb herrscht, oder zwischen einzelnen Teams im Unternehmen, schadet dies dem kompletten Unternehmen. Die Motivation der Mitarbeiter wird in Folge dessen reduziert.

- Organisatorisches Desinteresse: Wenn Projektteams bereits mehrmals miterlebt haben, dass ihre Ideen in der oberen Managementebene nur wenig Beachtung fanden, oder gar kurz vor der Beendigung des Projektes die Gelder gestrichen wurden, wird sich dieses Team in Zukunft mit neuartigen Ideen zurückhalten.

3.4 Fazit

In der Psychologie wird das Konstrukt der Kreativität heute noch aus unterschiedlichsten Aspekten betrachtet. Es gibt immer noch keine allgemeingültige Definition, die von allen Wissenschaftlern verwendet wird. Den Anspruch Kreativität ähnlich der Intelligenz zu messen, haben die Forscher untersucht, aber es gibt keine Tests, die in der Berufswelt eingesetzt werden können und zuverlässige Ergebnisse liefern. Hingegen boomt der Markt mit Seminaren und Literatur zur Kreativitätssteigerung. Leider nützen die ganzen Kreativitätstechniken nichts, wenn kreativitätshemmende Einflüsse in der Organisation

---

[80] Vgl. *Amabile* (1988), S. 147–148.

nicht reduziert werden und gegen kreativitätsfördernde Maßnahmen ausgetauscht werden.

Literaturverzeichnis

Allport, G. W./Odbert, H. S. (1936), Trait-names: A psycho-lexical study, Psychological Monographs, 47. Jg., Nr. 1, S. 1–171. doi:10.1037/h0093360

Amabile, T. M. (1988), A Model of Creativity and Innovation in Organizations, Research in Organizational Behavior, 10. Jg., S. 123–167.

Angleitner, A./Riemann, R. (2005), Eigenschaftstheoretische Ansätze. In: *Weber, H./Rammsayer, T.* (Hrsg.), Handbuch der Persönlichkeitspsychologie und Differentiellen Psychologie, Göttingen, S. 93–103.

Bar-On, R. (1997), The Emotional Intelligence Inventory (EQ-I): Technical manual, Toronto.

Bartussek, D. (1996), Faktorenanalytische Gesamtsysteme der Persönlichkeit. In: *Amelang, M.* (Hrsg.), Temperaments- und Persönlichkeitsunterschiede. Differentielle Psychologie und Persönlichkeitsforschung, Göttingen, S. 51–105.

Blickle, G. (2019), Personalauswahl. In: *Nerdinger, F. W./Blickle, G./Schaper, N.* (Hrsg.), Arbeits- und Organisationspsychologie, 4. Aufl., Berlin, S. 271–302. doi:10.1007/978-3-662-56666-4

Bosley, I./Kasten, E. (2018), Emotionale Intelligenz. Ein Ratgeber mit Übungsaufgaben für Kinder, Jugendliche und Erwachsene, Berlin. doi: 10.1007/978-3-662-54815-8

Cattell, R. B. (1950), Personality: A systematic theoretical and factual study, New York. doi:10.1037/10773-000

Cattell, R. B. (1963), Theory of fluid and crystallized intelligence. A critical experiment, Journal of Educational Psychology, 54. Jg., Nr. 1, S. 1–22. doi: 10.1037/h0046743

Cattell, R. B. (1971), Abilities: their structure, growth, and action, Boston.

Cattell, R. B. (1973), Die empirische Forschung der Persönlichkeit, Weinheim.

Cattell, R. B./Eber, H. W./Tatsuoka, M. M. (1970), Handbook for the Sixteen Personality Factor Questionnaire (16 PF).

Cattell, R. B./Kline, P. (Hrsg.) (1977), The scientific analysis of personality and motivation, New York.

Cropley/Arthur (1995), Kreativität. In: *Amelang, M./Birbaumer, N./Frey, D./Kuhl, J./Schneider, W./Schwarzer, R.* (Hrsg.), Verhaltens- und Leistungsunterschiede. Differentielle Psychologie und Persönlichkeitsforschung, Göttingen, S. 329–373.

Espinosa, A./Akinsulure-Smith, A. M./Chu, T. (2019), Trait Emotional Intelligence, Coping, and Occupational Distress Among Resettlement Workers, Psychological Trauma: Theory, Research, Practice, and Policy, 11. Jg., Nr. 1, S. 28–34. doi:10.1037/tra0000377

Fisseni (2003), Persönlichkeitspsychologie. Ein Theorienüberblick, 5. Aufl., Göttingen.

Gardner, H. (1983), Frames of mind. The theory of multiple intelligences, New York.

Gardner, H. (1991), Abschied vom IQ. Die Rahmen-Theorie der vielfachen Intelligenzen, Stuttgart.

Gardner, H. (1998), Are there additional intelligences? The case for naturalist, spiritual and existential intelligences. In: *Kane, J.* (Hrsg.), Education, information, and transformation. Essays on Learning and Thinking, Englewood Cliffs, S. 111–132.

Gerrig, R. J. (2016), Psychologie, 20. Aufl., Hallbergmoos.

Goleman, D. (2018), EQ. Emotionale Intelligenz, 28. Aufl., München.

Guilford, J. P. (1967), The nature of human intelligence, New York.

Guilford, J. P. (1976), Aptitude for creative thinking: One or many?, The Journal of Creative Behavior, 10. Jg., Nr. 3, S. 165–169. doi:10.1002/j.2162-6057.1976.tb01019.x

Guilford, J. P. (1997), Way Beyond the I.Q. Guide to Improving Intelligence and Creativity, Buffalo.

Hennessey, B. A./Amabile, T. M. (2010), Creativity, Annual Review of Psychology, 61. Jg., S. 569–598. doi: 10.1146/annurev.psych.093008.100416

Hofman, N. L./Hahn, A. M./Tirabassi, C. K./Gaher, R. M. (2016), Social Support, Emotional Intelligence and Posttraumatic Stress Disorder Symptoms. A Mediation Analysis, Journal of Individual Differences, 37. Jg., Nr. 1, S. 31–39. doi:10.1027/1614-0001/a000185

Hossiep, R./Mühlhaus, O. (2015), Personalauswahl und -entwicklung mit Persönlichkeitstests, 2. Aufl., Göttingen.

Hossiep, R./Paschen, M./Mühlhaus, O. (2000), Persönlichkeitstest im Personalmanagement, Göttingen.

Hossiep, R./Schecke, J./Weiß, S. (2015), Zum Einsatz von persönlichkeitsorientierten Fragebogen. Eine Erhebung unter den 580 größten deutschen Unternehmen, Psychologische Rundschau, 2015. Jg., Nr. 66, S. 127–129. doi:10.1026/0033-3042/a000235

Kersting, M. (2014b), Qualitätsstandards der Personalauswahl. In: *Schuler, H./Kanning, U. P.* (Hrsg.), Lehrbuch der Personalpsychologie, 3. Aufl., Göttingen, S. 325–356.

Krause, R. (1972), Kreativität. Untersuchungen zu einem problematischen Konzept, München.

Krohne, H. W./Hock, M. (Hrsg.) (2015), Psychologische Diagnostik. Grundlagen und Anwendungsfelder, 2. Aufl., Stuttgart.

Maltby, J./Day, L./Macaskill, A. (2011), Differentielle Psychologie, Persönlichkeit und Intelligenz, 2. Aufl., Hallbergmoos.

Mayer, J. D./Caruso, D. R./Salovey, P. (2016), The ability model of emotional intelligence: Principles and updates, Emotion Review, 8. Jg., S. 1–11. doi:10.1177/1754073916639667

Mayer, J. D./Salovey, P. (1993), The Intelligence of Emotional Intelligence, Intelligence, 17. Jg., Nr. 4, S. 433–442. doi:10.1016/0160-2896(93)90010-3

Mayer, J. D./Salovey, P. (1997), What is emotional intelligence? In: *Salovey, P./Sluyter, D. J.* (Hrsg.), Emotional development and emotional intelligence: Educational implications, New York, S. 3–34.

Mayer, J. D./Salovey, P./Caruso, D. R./Cherkasskiy (2011), Emotional Intelligence. In: *Sternberg, R. J./Kaufman, S. B.* (Hrsg.), Cambridge Handbooks in Psychology, Cambridge, S. 528–549.

Myers, D. G. (2014), Psychologie, 3. Aufl., Berlin. doi:10.1007/978-3-642-40782-6

Neubauer, A. C. (2005), Intelligenz. In: *Weber, H./Rammsayer, T.* (Hrsg.), Handbuch der Persönlichkeitspsychologie und Differentiellen Psychologie, Göttingen, S. 321–332.

Neyer, F. J./Asendorpf, J. B. (2018), Psychologie der Persönlichkeit, 6. Aufl., Berlin. doi:10.1007/978-3-662-54942-1

Parker, J. D. A. (2006), Die Relevanz emotionaler Intelligenz für die klinische Psychologie. In: *Schulze, R./Freund, A./Roberts, R. D.* (Hrsg.), Emotionale Intelligenz. Ein Internationales Handbuch, Göttingen, S. 275–290.

Rammsayer, T. (2012), Intelligenzmodelle. In: *Weber, H./Rammsayer, T.* (Hrsg.), Differentielle Psychologie. Persönlichkeitsforschung, Göttingen, S. 175–196.

Schaarschmidt, U./Kieschke, U. (2004), Differentielle Psychologie im Arbeits- und Berufsbereich. In: *Pawlik, K./Birbaumer, N./Frey, D./Kuhl, J./Schneider, W./Schwarzer, R.* (Hrsg.), Theorien und Anwendungsfelder der Differentiellen Psychologie. Differentielle Psychologie und Persönlichkeitsforschung, Göttingen, S. 741–774.

Salovey, P./Myers, D. G. (1990), Emotional Intelligence, Imagination, Cognition, and Personality, 9. Jg., S. 185–211. doi:10.2190/DUGG-P24E-52WK-6CDG

Schneewind, K. A./Graf, J. (1998), Der 16-Persönlichkeits-Faktoren-Test Revidierte Fassung 16 PF-R - deutsche Ausgabe des 16 PF Fifth Edition. Testmanual, Bern.

Simon, W. (2016), Teil A Einführung. 4. Persönlichkeitstests. In: *Simon, W.* (Hrsg.), Persönlichkeitsmodelle und Persönlichkeitstests. 15 Persönlichkeitsmodelle für Personalauswahl, Persönlichkeitsentwicklung, Training und Coaching, Offenbach, S. 35–54.

Skibba, K. (2006), Personalauswahl gemäß DIN 33430. Nutzenpotenziale für Unternehmen, Saarbrücken.

Stein, M. I. (1953), Creativity and Culture, The Journal of Psychology, 36. Jg., Nr. 2, S. 311–322. doi:10.1080/00223980.1953.9712897

Stemmler, G./Hagemann, D./Amelang, M./Spinath, F. M. (2016), Differentielle Psychologie und Persönlichkeitsforschung, 8. Aufl., Stuttgart.

Thurstone, L. L. (1938), Primary mental abilities, Chicago.

Thurstone, L. L./Thurstone, T. G. (1941), Factorial studies of intelligence, Chicago.

Internetquellen

Groeben, N. (2019), Kreativität, in: https://portal.hogrefe.com/dorsch/kreativitaet/, abgerufen am 13. 03. 2019.

Hossiep, R./Paschen, M. (2003), Bochumer Inventar zur berufsbezogenen Persönlichkeitsbeschreibung, in: https://www.testzentrale.de/shop/bochumer-inventar-zur-berufsbezogenen-persoenlichkeitsbeschreibung.html, abgerufen am 13. 03. 2019.

Kersting, M. (2014a), Persönlichkeitsfragebogen: Qualität lässt sich prüfen, in: https://www.wirtschaftspsychologie-aktuell.de/strategie/strategie-20140604-persoenlichkeitsfragebogen-qualitaet-laesst-sich-pruefen.html, abgerufen am 13. 03. 2019.

Mayer, J. D. (2004), What is Emotional Intelligence?, in: https://scholars.unh.edu/personality_lab/8/, abgerufen am 13. 03. 2019.